# Nossa Senhora das Graças ou Medalha Milagrosa

## Novena e origem da devoção

Mario Basacchi

# Nossa Senhora das Graças ou Medalha Milagrosa

## Novena e origem da devoção

Citações bíblicas: *Bíblia Sagrada* – tradução da CNBB, 2ª ed., 2002.

Editora responsável: Celina Weschenfelder
Equipe editorial

10ª edição – 2011
11ª reimpressão – 2023

---

*Nenhuma parte desta obra poderá ser reproduzida ou transmitida por qualquer forma e/ou quaisquer meios (eletrônico ou mecânico, incluindo fotocópia e gravação) ou arquivada em qualquer sistema ou banco de dados sem permissão escrita da Editora. Direitos reservados.*

---

Cadastre-se e receba nossas informações
www.paulinas.com.br
Telemarketing e SAC: 0800-7010081

---

**Paulinas**

Rua Dona Inácia Uchoa, 62
04110-020 – São Paulo – SP (Brasil)
📞 (11) 2125-3500
✉ editora@paulinas.com.br

© Pia Sociedade Filhas de São Paulo – São Paulo, 2003

# Introdução

Adoramos somente a Deus, mas veneramos os santos e, de modo especial, Nossa Senhora. Essa veneração é um sentimento íntimo, sincero, que nos ressalta a dignidade e a grandeza de Maria. Por seu intermédio, reconhecemos a bondade infinita de Deus, que nela fez resplandecer, mais do que em qualquer outra criatura, seus atributos e suas perfeições.

Os nove dias que passaremos em companhia de Nossa Senhora das Graças serão uma ótima oportunidade para refletirmos sobre o significado de Maria no mistério de Cristo e sobre sua presença ativa e exemplar na vida da Igreja.

"Assim como a estrela da manhã, conjuntamente com a aurora, precede o nascer do sol, assim também Maria, desde a sua Conceição Imaculada, precedeu a vinda do Salvador, o nascer do sol da justiça na história do gênero humano" (Encíclica *Redemptoris Mater*).

Por ela, Cristo veio até nós e não há melhor caminho para se chegar até ele senão por Maria, assim como não há nenhuma outra maneira de se obter favores e graças senão por ela, invocada com o título de Nossa Senhora das Graças.

"Mulher, és tão poderosa e tão valiosa junto de Deus, que quem quiser alguma graça e não recorre a ti, seu desejo é como se quisesse voar sem asas" (Dante Alighieri).

## Origem da Medalha Milagrosa

Na França do século XIX, uma importante aparição da Virgem Maria fez nascer a devoção à Medalha Milagrosa ou a Nossa Senhora das Graças. Maria Imaculada escolheu para sua mensageira e propagadora de sua devoção uma jovem noviça da Congregação das Filhas da Caridade de São Vicente de Paulo, em Paris.

Catarina Labouré nasceu em Côte d'Or, na França, em 1806, e, quando Nossa Senhora lhe apareceu, fazia apenas dois meses que havia sido admitida no noviciado.

No dia 18 de julho de 1830, despertada pelo seu anjo da guarda, ela foi se encontrar com Nossa Senhora na capela do convento. A partir daquele dia, Catarina Labouré, seguindo o conselho da Santíssima Virgem, voltaria muitas vezes ao altar da capela. "Vinde aos pés deste altar: aqui as graças serão derramadas sobre todas as pessoas que as pedirem com confiança. Elas serão derramadas sobre os grandes e os pequenos."

De todas as manifestações da Santíssima Virgem, a mais importante foi a do dia 27 de novembro de 1830, em que foram apresentados os símbolos da Medalha Milagrosa fixados por Nossa Senhora, que prometeu abundantes graças a quantos a levassem consigo. As primeiras medalhas, que logo se espalharam pelo mundo todo, foram cunhadas em 1832.

Foram tantos os milagres e as graças que se operaram por meio da Medalha da Imaculada Conceição que logo o povo fiel a chamou de Milagrosa. A prodigiosa conversão do judeu Afonse Ratisbone impulsionou a publicação do decreto da Sagrada Congregação dos Ritos, que autorizou, no dia 23 de junho de 1894, a instituição da festa da Medalha Milagrosa ou de Nossa Senhora das Graças.

As Filhas de Maria e muitos santos, entre os quais João Bosco, Teresinha do Menino Jesus, Vicente Pallotti e Maximiliano Kolbe, tornaram-se grandes devotos e propagadores da Medalha Milagrosa.

Santa Catarina Labouré faleceu em 1876 e foi canonizada em 1947.

Seguindo a devoção de Santa Catarina, aproveitemos essa dádiva de Deus, usando-a com fé e confiança, tendo assim a certeza da proteção no momento da morte.

# PRIMEIRO DIA

## Contemplando a Medalha Milagrosa: *a aparição de 27 de novembro de 1830.*

Em nome do Pai, do Filho e do Espírito Santo. Amém.

### Invocação a Maria Santíssima

Dignai-vos a aceitar as nossas orações, ó Santa Virgem, Mãe de Deus. Tornai-nos fortes contra os nossos inimigos.

### Um pouco da história e reflexão

Catarina Labouré contemplava a Virgem, extasiada diante de tanta beleza e doçura, quando — ela mesmo quem conta — "se formou, então, em torno da Virgem um quadro de forma oval, em que havia, em letras de ouro, estas palavras: *Ó Maria, concebida sem pecado, rogai por nós, que recorremos a vós*. Então uma voz se fez ouvir, que me disse: 'Faze cunhar uma medalha, conforme este modelo. As pessoas que a trouxerem ao pescoço receberão muitas graças. As graças serão abundantes para os que a trouxerem com inteira confiança'. No mesmo instante, as mãos carregadas de anéis que seguravam o globo abaixaram-se, abrindo-se, despejando raios sobre o globo em que a Virgem pousava os pés esmagando a serpente infernal.

Depois o quadro se voltou mostrando, no reverso, um conjunto de emblemas, no centro um grande M, o monograma de Maria, encimado por uma cruz sobre uma barra; abaixo do monograma, dois corações; o da esquerda cercado de espinhos, o da direita transpassado por uma espada. Eram os corações de Jesus e de

Maria. Enfim, uma constelação de estrelas, em forma oval, cercando este conjunto".

## Oração

Ó Maria Imaculada, Mãe de Deus e nossa, que sempre atendeis às suplicas dos devotos da Medalha Milagrosa, operando milagres e multiplicando os favores, estendei, Benigna, sobre cada um de nós os braços e as mãos carregadas de graças, e escutai as nossas orações. Ó Mãe, confiantes na vossa poderosa e segura intercessão, nesta hora angustiante, humildemente vos pedimos a graça de que tanto necessitamos (*fazer o pedido*), para honra vossa e para glória de vosso Filho Jesus, que vive e reina com o Pai e o Espírito Santo, por todos os séculos. Amém.

Pai-Nosso, Ave-Maria e Glória-ao-Pai.
Ó Maria concebida sem pecado, rogai por nós, que recorremos a vós.

# SEGUNDO DIA

## Contemplando a Medalha Milagrosa: *o globo sob os pés e nas mãos de Nossa Senhora.*

Em nome do Pai, do Filho e do Espírito Santo. Amém.

### Saudação a Maria Santíssima

Eu vos saúdo, ó Maria Imaculada, Rainha dos Anjos e dos Santos. Fazei que venha a nós o Reino de Jesus e que, debelando as forças do mal, reine em todos os corações.

### Um pouco da história

Catarina continua a narrativa: "Vi a Santíssima Virgem, tinha o rosto bastante descoberto e seus pés se apoiavam sobre um globo, ou antes, sobre a metade de um globo; pelo menos só via a metade. Suas mãos erguidas à altura do peito sustinham outro globo, figura do universo. E seu rosto iluminava-se enquanto oferecia o globo a nosso Senhor".

## Reflexão

Maria participa da dignidade de Rainha por ser Mãe de Cristo, Rei do universo, e por ter sido associada à obra da Redenção. Coroada Rainha dos homens e dos anjos, Maria ocupa o lugar que Deus lhe destinou desde a criação do mundo; é cheia de doçura e de misericórdia, sempre inclinada a socorrer os necessitados.

## Oração

Ó Virgem Maria, nossa Mãe e Rainha, confiantes em vossa poderosa proteção, recorremos a vós para nos alcançar de vosso Filho Jesus as graças que prometestes à vossa fiel serva, Santa Catarina Labouré. Concedei-nos também esta graça especial que vos pedimos neste momento (*fazer o pedido*), para honra e glória de Deus, que vive e reina para sempre. Amém.

Pai-Nosso, Ave-Maria e Glória-ao-Pai.
Ó Maria concebida sem pecado, rogai por nós, que recorremos a vós.

# TERCEIRO DIA

## Contemplando a Medalha Milagrosa: *a serpente esmagada e derrotada.*

Em nome do Pai, do Filho e do Espírito Santo. Amém.

### Saudação a Maria Santíssima

À vossa proteção recorremos, Santa Mãe de Deus. Não desprezeis as nossas súplicas em nossas necessidades, mas livrai-nos sempre de todos os perigos e de todo o mal, ó Virgem gloriosa e bendita.

### Um pouco da história

Outra passagem descrita por Santa Catarina: "As mãos carregadas de anéis que seguravam o globo abaixaram-se, abrindo-se, despejando raios sobre o globo em que a Virgem pousava os pés, esmagando a serpente infernal".

### Reflexão

Deus é fiel, por isso cumpriu a promessa que fez aos nossos primeiros pais, Adão e Eva, quando, instigados e iludidos pelo demônio, desobedeceram à sua ordem: "Porei inimizade entre ti e a mulher, entre a tua descendência e a dela. Esta te ferirá a cabeça e tu lhe ferirás o calcanhar" (Gn 3,15).

A luta continua entre os seguidores de Cristo e de sua Santa Mãe e os seguidores do mal. Por mais que tentem, a vitória final será de Cristo, pois ele afirmou: "Tende coragem! Eu venci o mundo" (Jo 16,33b).

### Oração

"Tu és bendita, ó filha, pelo Deus altíssimo, mais que todas as mulheres da terra. Bendito é o Senhor, nosso Deus, que criou o céu e a terra, e te conduziu para ferires na cabeça o chefe dos nossos inimigos. O teu louvor não se apagará do coração de todos os que se lembrarem, para sempre, da força de Deus!" (Jt 13,18-19). Mais do que Judite, ó Virgem Imaculada, vós sois bendita entre todas as mulheres, porque esmagastes a cabeça do nosso inimigo infernal. Por isso, ainda hoje vos pedimos a graça de que tanto precisamos (*fazer o pedido*), na certeza de sermos atendidos. Por Cristo Nosso Senhor. Amém.

Pai-Nosso, Ave-Maria e Glória-ao-Pai.
Ó Maria concebida sem pecado, rogai por nós, que recorremos a vós.

# QUARTO DIA

## Contemplando a Medalha Milagrosa: *a invocação na Medalha.*

Em nome do Pai, do Filho e do Espírito Santo. Amém.

### Saudação a Maria Santíssima

Eu vos saúdo, ó Virgem Imaculada; sois bendita entre todas as mulheres. Por uma graça especial e um insigne privilégio fostes preservada de toda mácula; sois a honra e a alegria de nossa raça.

### Um pouco da história

Catarina Labouré, seguindo a narrativa, assim detalha: "Formou-se, então, em torno da Virgem um quadro de forma oval, em que havia, em letras de ouro, estas palavras: *Ó Maria, concebida sem pecado, rogai por nós, que recorremos a vós"*.

### Reflexão

Por singular privilégio, em vista dos méritos de Jesus, seu Filho, Maria foi preservada imune da nódoa original. Se o pecado original é a ausência da graça, a Imaculada Conceição é a plenitude da graça. O arcanjo Gabriel, por primeiro, a saudou "cheia de graça" e a Igreja continua a proclamá-la cheia de graça.

### Oração

Ó Deus, que pela maternidade virginal da bem-aventurada Maria resgatastes a humanidade decaída, fazei-nos experimentar o poder de sua intercessão, concedendo-nos hoje a graça de que tanto necessitamos (*fazer o pedido*), porque por meio dela nós recebemos o autor da vida, Nosso Senhor Jesus Cristo, vosso Filho, que vive e reina convosco na unidade do Espírito Santo, por todos os séculos. Amém.

Pai-Nosso, Ave-Maria e Glória-ao-Pai.
Ó Maria concebida sem pecado, rogai por nós, que recorremos a vós.

# QUINTO DIA

## Contemplando a Medalha Milagrosa: *as mãos de Maria.*

Em nome do Pai, do Filho e do Espírito Santo. Amém.

### Saudação a Maria Santíssima

Eu vos saúdo, ó Maria Imaculada, tabernáculo vivo que a Sabedoria eterna revestiu de todos os seus dons, para fazer nele sua digníssima morada.

### Um pouco da história

Santa Catarina continua a contar: "De repente, as mãos da Virgem carregaram-se de anéis preciosos, muito belos; os raios que partiam delas iam alargando-se à medida que desciam, a ponto de não me deixarem mais ver os pés de Nossa Senhora. As pedras e os raios que saíam delas eram proporcionalmente mais ou menos brilhantes. Não sei o que experimentei nesse instante, nem quanto aprendi em tão pouco tempo.

Enquanto me saciava em contemplá-la, uma voz se fez ouvir, dizendo: 'Este globo que vês representa o mundo inteiro, especialmente a França, e cada pessoa em particular. Os raios são o símbolo das graças que derramo sobre as pessoas que mais pedem. As pedras sem raios são as graças dos que se esquecem de pedir'".

## Reflexão

Nossa Senhora é o canal por onde passam todas as graças, que Cristo Jesus nos mereceu com sua paixão e morte. Ela é a tesoureira de Deus e medianeira de todas as graças. Com seu sim, Maria resumiu todas as aspirações dos patriarcas e profetas, abrindo o caminho ao autor das graças.

## Oração

Ó Senhor, que nos destes Jesus, vosso único Filho, como nosso Redentor e vossa Santa Mãe como nossa mãe e medianeira, dai-nos o espírito de discernimento para sabermos pedir as graças de que mais precisamos e nunca deixarmos passar o momento de Deus. Ó Maria Imaculada, tornai-nos dignos merecedores da graça que agora vos pedimos (*fazer o pedido*) e de todas aquelas que esquecemos de vos pedir ao longo da nossa vida. Amém.

Pai-Nosso, Ave-Maria e Glória-ao-Pai.
Ó Maria concebida sem pecado, rogai por nós, que recorremos a vós.

# SEXTO DIA

## Contemplando a Medalha Milagrosa: *a constelação de estrelas na Medalha.*

Em nome do Pai, do Filho e do Espírito Santo. Amém.

### Saudação a Maria Santíssima

Eu vos saúdo, ó Virgem Imaculada, Estrela da manhã, Esperança e Âncora da salvação dos pobres navegantes neste mar tempestuoso. Vós sois a mulher revestida de Sol, tendo a Lua debaixo dos pés e trazendo uma coroa de doze estrelas. Os anjos e os santos cantam vossos louvores, e todas as gerações vos proclamam bem-aventurada.

## Um pouco da história

Catarina Labouré assim prossegue: "Enfim, uma constelação de estrelas, em forma oval, cercando este conjunto. Em seguida, tudo desapareceu, como qualquer coisa que se apaga; e fiquei cheia de alegria e de consolação".

Deus te salve, ó Estrela
Do mar, e de Deus Mãe bela,
Sempre Virgem, da morada
Celeste feliz entrada
(do hino *Ave, Maris Stella*).

## Reflexão

Maria é a estrela-guia que nos levará a Jesus, como a estrela que guiou os Reis Magos até o Menino, em Belém.
Nos últimos tempos, Maria estará presente para a batalha final, ao lado de seu

Filho Jesus e de todos os seus seguidores. "Então apareceu no céu um grande sinal: uma mulher vestida com o sol, tendo a lua debaixo dos pés e, sobre a cabeça, uma coroa de doze estrelas" (Ap 12,1).

Não há dúvidas de que esta mulher é a Virgem Maria. As doze estrelas simbolizam os doze apóstolos, que, com Maria, presidiram o nascimento da Santa Igreja.

### Oração

Ó Maria Imaculada, vós sois mais bela do que o Sol e mais brilhante do que as estrelas mais lindas. De manhã até a noite os nossos olhares estão fixos em vós, ó nossa Estrela do mar. Em nossas necessidades e a toda hora olhamos para a nossa Estrela e vos invocamos, ó Maria. Envolvei-nos na vossa luz e guiai-nos até Jesus, o Sol de justiça. Acolhei, ó Santa Mãe de Deus, as nossas súplicas e o pedido que vos fazemos (*fazer o pedido*), para que possamos louvar a Deus convosco. Por Cristo Nosso Senhor, que vive e reina por toda a eternidade. Amém.

Pai-Nosso, Ave-Maria e Glória-ao-Pai.
Ó Maria concebida sem pecado, rogai por nós, que recorremos a vós.

# SÉTIMO DIA

## Contemplando a Medalha Milagrosa: *os corações de Jesus e de Maria.*

Em nome do Pai, do Filho e do Espírito Santo. Amém.

### Saudação a Maria Santíssima

Eu vos saúdo, ó Maria. Vosso coração materno é verdadeiramente o santuário dos mistérios do Salvador, a casa de ouro em que se escondem os tesouros de Deus, o molde divino que forma os santos à imagem de Cristo.

### Um pouco da história

Continua Santa Catarina: "Depois o quadro se voltou mostrando, no reverso, abaixo do monograma, dois corações; o da esquerda cercado de espinhos, o da direita transpassado por uma espada. Eram os corações de Jesus e de Maria".

## Reflexão

Deus é amor, e o símbolo desse amor é o coração. Do coração ferido pela lança brotaram as mais abundantes graças e nele se fez uma fonte sempre viva de esperança e de amor. O coração de Maria permaneceu sempre unido ao do Filho, sofrendo e regozijando-se com ele.

## Oração

Sagrado Coração de Jesus e Imaculado Coração de Maria, sede a nossa salvação, vinde em nosso socorro, agora, durante a vida, e na hora da nossa morte. Tornai o nosso coração doce e humilde semelhante aos vossos. Concedei-nos a graça que confiantes vos pedimos (*fazer o pedido*), para que possamos nos tornar humildes e compreensivos. Amém.

Pai-Nosso, Ave-Maria e Glória-ao-Pai.
Ó Maria concebida sem pecado, rogai por nós, que recorremos a vós.

# OITAVO DIA

## Contemplando a Medalha Milagrosa: *os emblemas.*

Em nome do Pai, do Filho e do Espírito Santo. Amém.

### Saudação a Maria Santíssima

Eu vos saúdo, ó Maria Imaculada, de pé junto à cruz, oferecendo ao Pai vosso divino Filho para a nossa salvação. Vosso coração materno está transpassado por uma espada de dores e vosso sofrimento é mais profundo do que o mar.

### Um pouco da história

Prosseguindo na contemplação da Medalha Milagrosa, Santa Catarina narra: "Depois o quadro se voltou mostrando, no reverso (além dos dois corações), um conjunto de emblemas, no centro um grande M, o monograma de Maria, encimado por uma cruz sobre uma barra".

## Reflexão

O grande M é o monograma de Maria, nome que é associado ao santíssimo nome de Jesus, ambos saudados e repetidos a todo o momento por todos os cristãos.

Maria, desde o anúncio do anjo até seu amém, foi associada, de maneira sublime, à Redenção do mundo. Continua todos os dias a oferecer seu Filho ao Pai, como no monte Calvário, para a remissão dos nossos pecados e para a salvação de toda a humanidade.

## Oração

Ó Senhor Jesus, que por vossa paixão e morte redimistes o mundo, fazei que pela intercessão de Maria Imaculada, que, associando-se à obra da Redenção, teve seu coração materno transpassado por uma espada de dor, possamos alcançar a graça que ardentemente vos pedimos (*fazer o pedido*). Vós que viveis e reinais por todos os séculos. Amém.

Pai-Nosso, Ave-Maria e Glória-ao-Pai.
Ó Maria concebida sem pecado, rogai por nós, que recorremos a vós.

# NONO DIA

## Contemplando a Virgem da Medalha Milagrosa: *a última aparição a Santa Catarina Labouré.*

Em nome do Pai, do Filho e do Espírito Santo. Amém.

### Saudação a Maria Santíssima

Eu vos saúdo, Soberana do céu e da Terra, Tesoureira dos dons divinos, Dispensadora de todas as graças, Medianeira com o Mediador, Vitoriosa de todas as batalhas de Deus. Ó Mãe da graça, não abandoneis nunca todos aqueles que recorrem a vós.

## Um pouco da história

Neste último dia da novena, contemplemos Nossa Senhora, nossa Mãe Imaculada, que disse a Santa Catarina Labouré, em suas aparições: "Minha filha, doravante não mais me verás, mas ouvirás minha voz durante tuas orações. Eu estarei contigo: não te perco de vista e te concederei abundantes graças".

## Reflexão

Estas palavras de Nossa Senhora nos fazem lembrar as palavras de Jesus ao se despedir de seus discípulos: "Tudo o que pedirdes ao Pai, em meu nome, ele vos dará" (Jo 15,16b). "Tende coragem! Eu venci o mundo" (Jo 16,33b). "Eis que estou convosco todos os dias, até o fim dos tempos" (Mt 28,20b).

No silêncio do nosso quarto, diante do tabernáculo de Jesus, ou ajoelhados diante do altar de Maria Imaculada, rezemos com fé e prestemos atenção à voz de Deus e de nossa Santa Mãe.

## Oração

Ó Maria Imaculada, nossa doce Mãe, sustentai a nossa fé, fortalecendo-a com a total adesão à vontade do Pai, do Filho e do Espírito Santo. Tornai-nos sal e luz do mundo, para que possamos reavivar em todos os corações a luz da fé e da esperança e a chama do amor e da caridade. Enfim, ó Santa e Imaculada Mãe de Deus, ajoelhados aos vossos pés, queremos pedir-vos que intercedais a Jesus por nós, para obtermos a graça de que tanto necessitamos (*fazer o pedido*). Por Cristo Nosso Senhor, que vive e reina na comunhão com o Pai e o Espírito Santo, por todos os séculos. Amém.

## Oração de Santa Catarina a Nossa Senhora

Ó Rainha, que vos assentais junto de Deus, ouvi favoravelmente as minhas súplicas; é por vós e para glória vossa que vos peço: esclarecei o meu espírito e dai-me a força necessária para tudo fazer por vosso amor (27/11/1830).

Pai-Nosso, Ave-Maria e Glória-ao-Pai.
Ó Maria concebida sem pecado, rogai por nós, que recorremos a vós.

## Invocações e ladainhas

Os títulos e nomes mais bonitos, que da inspiração dos santos e dos poetas brotaram, foram atribuídos àquela que foi escolhida por Deus para ser a Mãe do seu Filho, Jesus.

O anjo Gabriel saudou Maria com as palavras que o povo cristão jamais deixou de repetir: "Ave, Maria, cheia de graça". "Bendita sois vós entre as mulheres", louvaram-na as gerações futuras.

Os devotos repetem sem cessar essas saudações como apelos e súplicas para solicitar a intercessão da Mãe de Deus e obter assim as graças solicitadas e as energias necessárias para navegar por este tormentoso mar da vida.

## Oração para as famílias

Santíssima Virgem, nós cremos e confessamos vossa santa e imaculada Conceição, pura e sem mácula. Velai, ó doce Mãe, o crescimento de Cristo em nós e nas nossas famílias: cada uma de nossas casas seja uma santa família, cheia de paz e de amor. Sejais nesta casa Mãe, Mestra e Rainha. Ensinai-nos o vosso sim, ó Virgem Imaculada, o sim que vos fez Mãe de Deus e de todos os filhos de Deus e que ressoa em todos nós, e abri-nos para as necessidades dos nossos irmãos e irmãs. Amém.

São José, defensor de Cristo, esposo da Mãe de Deus e sustentáculo das famílias, rogai por nós.

Doce Coração de Maria, sede a nossa salvação e socorro.

Sagrado Coração de Jesus, confiamos em vós, venha a nós o vosso Reino de amor e de paz.

## Ato de Consagração de São Luiz Grignon de Montfort

Ó Santíssima Virgem, quero entregar-me a vós e por vós à Sabedoria Encarnada, Jesus! Vou dar-vos meu corpo, numa preciosa resolução de pureza jurada e consagrada ao vosso Coração Imaculado. Vou confiar-vos minha vida num propósito sincero e eficaz de humilde obediência e amorosa escravidão. Vou depositar na riqueza dos vossos tesouros meus pequeninos bens, num imenso desejo e anelo de total desapego, ainda em minha vida espiritual, para homenagear-vos e o vosso Jesus.

Quero fazê-lo, minha Mãe tão querida, por toda a minha vida terrena, sem nenhuma reserva, sem condição alguma. Quero possuir tudo quanto tenho, somente para ter o direito de vo-lo entregar! Aceitai-me, Senhora dulcíssima, eu quero ser vosso, todo vosso, filho vosso, vosso escravo, coisa vossa, na vida, na morte e por toda a eternidade! Amém.

## Oração

Ó Deus de bondade, que enriquecestes o Santo e Imaculado Coração de Maria dos sentimentos de misericórdia e de ternura, dos quais o Coração de Jesus, vosso Filho, foi sempre repleto, dai a todos aqueles que honram este Coração virginal a graça de imitá-lo nesta vida para sermos sempre mais semelhantes ao seu coração. Amém.

# NOSSAS DEVOÇÕES
(Origem das novenas)

De onde vem a prática católica das novenas? Entre outras, podemos dar duas respostas: uma histórica, outra alegórica.

Historicamente, na Bíblia, no início do livro dos Atos dos Apóstolos, lê-se que, passados quarenta dias de sua morte na Cruz e de sua ressurreição, Jesus subiu aos céus, prometendo aos discípulos que enviaria o Espírito Santo, que lhes foi comunicado no dia de Pentecostes.

Entre a ascensão de Jesus ao céu e a descida do Espírito Santo, passaram-se nove dias. A comunidade cristã ficou reunida em torno de Maria, de algumas mulheres e dos apóstolos. Foi a primeira novena cristã. Hoje, ainda a repetimos todos os anos, orando, de modo especial, pela unidade dos cristãos. É o padrão de todas as outras novenas.

A novena é uma série de nove dias seguidos em que louvamos a Deus por suas maravilhas, em particular, pelos santos, por cuja intercessão nos são distribuídos tantos dons.

Alegoricamente, a novena é antes de tudo um ato de louvor ao Pai, ao Filho e ao Espírito Santo, Deus três vezes Santo. Três é número perfeito. Três vezes três, nove. A novena é louvor perfeito à Trindade. A prática de nove dias de oração, louvor e súplica confirma de maneira extraordinária nossa fé em Deus que nos salva, por intermédio de Jesus, de Maria e dos santos.

O Concílio Vaticano II afirma: "Assim como a comunhão cristã entre os que caminham na terra nos aproxima mais de Cristo, também o convívio com os santos nos une a Cristo, fonte e cabeça de que provêm todas as graças e a própria vida do povo de Deus" (*Lumen Gentium*, 50).

*Nossas Devoções* procura alimentar o convívio com Jesus, Maria e os santos, para nos tornarmos cada dia mais próximos de Cristo, que nos enriquece com os dons do Espírito e com todas as graças de que necessitamos.

Francisco Catão

## Coleção Nossas Devoções

- *Dulce dos Pobres: novena e biografia* – Marina Mendonça
- *Francisco de Paula Victor: história e novena* – Aparecida Matilde Alves
- *Frei Galvão: novena e história* – Pe. Paulo Saraiva
- *Imaculada Conceição* – Francisco Catão
- *Jesus, Senhor da vida: dezoito orações de cura* – Francisco Catão
- *João Paulo II: novena, história e orações* – Aparecida Matilde Alves
- *João XXIII: biografia e novena* – Marina Mendonça
- *Maria, Mãe de Jesus e Mãe da Humanidade: novena e coroação de Nossa Senhora* – Aparecida Matilde Alves
- *Menino Jesus de Praga: história e novena* – Giovanni Marques Santos
- *Nhá Chica: Bem-aventurada Francisca de Paula de Jesus* – Aparecida Matilde Alves
- *Nossa Senhora Aparecida: história e novena* – Maria Belém
- *Nossa Senhora da Cabeça: história e novena* – Mario Basacchi
- *Nossa Senhora da Luz: novena e história* – Maria Belém
- *Nossa Senhora da Penha: novena e história* – Maria Belém
- *Nossa Senhora da Salete: história e novena* – Aparecida Matilde Alves
- *Nossa Senhora das Graças ou Medalha Milagrosa: novena e origem da devoção* – Mario Basacchi
- *Nossa Senhora de Caravaggio: história e novena* – Leomar A. Brustolin e Volmir Comparin
- *Nossa Senhora de Fátima: novena* – Tarcila Tommasi
- *Nossa Senhora de Guadalupe: novena e história das aparições a São Juan Diego* – Maria Belém
- *Nossa Senhora de Nazaré: novena e história* – Maria Belém
- *Nossa Senhora Desatadora dos Nós: história e novena* – Frei Zeca
- *Nossa Senhora do Bom Parto: novena e reflexões bíblicas* – Mario Basacchi
- *Nossa Senhora do Carmo: novena e história* – Maria Belém
- *Nossa Senhora do Desterro: história e novena* – Celina Helena Weschenfelder
- *Nossa Senhora do Perpétuo Socorro: história e novena* – Mario Basacchi
- *Nossa Senhora Rainha da Paz: história e novena* – Celina Helena Weschenfelder
- *Novena à Divina Misericórdia* – Tarcila Tommasi

- *Novena das Rosas: história e novena de Santa Teresinha do Menino Jesus* – Aparecida Matilde Alves
- *Novena em honra ao Senhor Bom Jesus* – José Ricardo Zonta
- *Ofício da Imaculada Conceição: orações, hinos e reflexões* – Cristóvão Dworak
- *Orações do cristão: preces diárias* – Celina Helena Weschenfelder
- *Os Anjos de Deus: novena* – Francisco Catão
- *Padre Pio: novena e história* – Maria Belém
- *Paulo, homem de Deus: novena de São Paulo Apóstolo* – Francisco Catão
- *Reunidos pela força do Espírito Santo: novena de Pentecostes* – Tarcila Tommasi
- *Rosário dos enfermos* – Aparecida Matilde Alves
- *Rosário por uma transformação espiritual e psicológica* – Gustavo E. Jamut
- *Sagrada Face: história, novena e devocionário* – Giovanni Marques Santos
- *Sagrada Família: novena* – Pe. Paulo Saraiva
- *Sant'Ana: novena e história* – Maria Belém
- *Santa Cecília: novena e história* – Frei Zeca
- *Santa Edwiges: novena e biografia* – J. Alves
- *Santa Filomena: história e novena* – Mario Basacchi
- *Santa Gemma Galgani: história e novena* – José Ricardo Zonta
- *Santa Joana d'Arc: novena e biografia* – Francisco de Castro
- *Santa Luzia: novena e biografia* – J. Alves
- *Santa Maria Goretti: história e novena* – José Ricardo Zonta
- *Santa Paulina: novena e biografia* – J. Alves
- *Santa Rita de Cássia: novena e biografia* – J. Alves
- *Santa Teresa de Calcutá: biografia e novena* – Celina Helena Weschenfelder
- *Santa Teresinha do Menino Jesus: novena e biografia* – Jesus Mario Basacchi
- *Santo Afonso de Ligório: novena e biografia* – Mario Basacchi
- *Santo Antônio: novena, trezena e responsório* – Mario Basacchi
- *Santo Expedito: novena e dados biográficos* – Francisco Catão
- *Santo Onofre: história e novena* – Tarcila Tommasi
- *São Benedito: novena e biografia* – J. Alves

- *São Bento: história e novena* – Francisco Catão
- *São Brás: história e novena* – Celina Helena Weschenfelder
- *São Cosme e São Damião: biografia e novena* – Mario Basacchi
- *São Cristóvão: história e novena* – Mário José Neto
- *São Francisco de Assis: novena e biografia* – Mario Basacchi
- *São Francisco Xavier: novena e biografia* – Gabriel Guarnieri
- *São Geraldo Majela: novena e biografia* – J. Alves
- *São Guido Maria Conforti: novena e biografia* – Gabriel Guarnieri
- *São José: história e novena* – Aparecida Matilde Alves
- *São Judas Tadeu: história e novena* – Maria Belém
- *São Marcelino Champagnat: novena e biografia* – Ir. Egídio Luiz Setti
- *São Miguel Arcanjo: novena* – Francisco Catão
- *São Pedro, Apóstolo: novena e biografia* – Maria Belém
- *São Peregrino Laziosi* – Tarcila Tommasi
- *São Roque: novena e biografia* – Roseane Gomes Barbosa
- *São Sebastião: novena e biografia* – Mario Basacchi
- *São Tarcísio: novena e biografia* – Frei Zeca
- *São Vito, mártir: história e novena* – Mario Basacchi
- *Senhora da Piedade: setenário das dores de Maria* – Aparecida Matilde Alves
- *Tiago Alberione: novena e biografia* – Maria Belém